KB186161

Peter Pan

피터 팬

피터 팬

First edition: February 2010

TEL (02)2000-0515 | FAX (02)2271-0172

ISBN 978-89-17-23757-3

YBM Reading Library 는 ...

쉬운 영어로 문학 작품을 즐기면서 영어 실력을 크게 향상시킬 수 있도록 개발된 독해력 완성 프로젝트입니다. 전 세계 어린이와 청소년들에게 재미와 감동을 주는 세계의 명작을 이제 영어로 읽으세요. 원작에 보다 가까이 다가가는 재미와 명작의 깊이를 느낄 수 있을 거예요.

350 단어에서 1800 단어까지 6단계로 나누어져 있어 초·중·고 어느 수준에서나 자신이 좋아하는 스토리를 골라 읽을 수 있고, 눈에 쉽게 들어오는 기본 문장을 바탕으로 활용도가 높고 세련된 영어 표현을 구사하기 때문에 쉽게 읽으면서 영어의 맛을 느낄 수 있습니다. 상세한 해설과 흥미로운 학습 정보, 퀴즈 등이 곳곳에 숨어 있어 학습 효과를 더욱 높일 수 있습니다.

이야기의 분위기를 멋지게 재현해 주는 삽화를 보면서 재미있는 이야기를 읽고, 전문 성우들의 박진감 있는 연기로 스토리를 반복해서 듣다 보면 리스닝 실력까지 크게 향상됩니다.

세계의 명작을 읽는 재미와 영어 실력 완성의 기쁨을 마음껏 맛보고 싶다면, YBM Reading Library와 함께 지금 출발하세요!

YBM Reading Library

책을 읽기 전에 가볍게 워밍업을 한 다음, 재미있게 스토리를 읽고, 다 읽고 난 후 주요 구문과 리스닝까지 꼭꼭 다지는 3단계 리딩 전략! YBM Reading Library, 이렇게 활용 하세요.

Before the Story

Words in the Story
스토리에 들어가기 전,
주요 단어를 맛보며 이야기의
분위기를 느껴 보세요~

Hook became very angry.

"Tie her up!" he yelled. "So, my beauty, now you'll watch the boys walk the plank. They'll all drown in the sea."

"Peter will save us!" cried Wendy.

"No, he won't! I poisoned his water," said Hook, laughing. "He is now dead. Ha! Ha!"

Wendy and the boys were sad, and began to cry.

Hook took a step toward Wendy.

★ ★
☐ beauty 미인
☐ drown 물에 빠지다, 익사하다
☐ laugh 웃다
☐ onto ~의 위에
☐ pull out ~을 뽑다, 빼다
☐ sword 검, 칼
☐ side 측면, 옆부분

In the Story

★ 스토리
재미있는 스토리를 읽어요. 잘 모른다고
멈추지 마세요. 한 페이지, 또는 한 chapter를
끝까지 읽으면서 흐름을 파악하세요.

★ ★ 단어 및 구문 설명
어려운 단어나 문장을 마주쳤을 때,
그 뜻이 알고 싶다면 여기를 보세요.
나중에 꼭 외우는 것은 기본이죠.

70 · Peter Pan

★ ★ ★ 돌발 퀴즈
스토리를 잘 파악하고
있는지 궁금하면 돌발 퀴즈로
잠깐 확인해 보세요.

Mini-Lesson

너무나 중요해서 그냥 지나칠 수 없는
알짜 구문은 별도로 깊이 있게 배워요.

Check-up Time!

한 chapter를 다 읽은 후 어휘, 구문,
summary까지 확실하게 다져요.

Focus on Background

작품 뒤에 숨겨져 있는 흥미로운 이야기를
읽으세요. 상식까지 풍부해집니다.

Suddenly, he stopped moving!
He heard that horrible sound again!
Tick, tick, tick, tick!
"Oh, no! Hide me!" cried Hook. "It's trying to come
onto the ship!"
The pirates gathered all around him. They pulled out
their swords to fight. The boys ran to the side of the
ship to see the crocodile.

★ ★ ★ ⑦ 후크가 숨은 이유는?
a. 피터가 두려워서
b. 악어가 무서워서
c. 싸우기가 겁이 나서 (후크답다!)

¹ stop + ...ing ∼하던 것을 멈추다
Suddenly, he stopped moving! 갑자기, 그는 움직임을 멈췄다!

Chapter 5 · 71

After the Story

Reading X-File 이야기 속에 등장했던
주요 구문을 재미있는 설명과 함께 다시 한번∼

Listening X-File 영어 발음과 리스닝 실력을 함께
다져 주는 중요한 발음법칙을 살펴봐요.

MP3 Files
www.ybmbooksam.com에서 다운로드 하세요!

YBM Reading Library

이제 아름다운 이야기가 시작됩니다

Peter Pan

_ Before the Story

_ In the Story

James Matthew Barrie

제임스 매튜 배리는 …   (1860~1937)

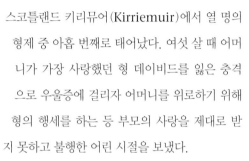

스코틀랜드 키리뮤어(Kirriemuir)에서 열 명의 형제 중 아홉 번째로 태어났다. 여섯 살 때 어머니가 가장 사랑했던 형 데이비드를 잃은 충격으로 우울증에 걸리자 어머니를 위로하기 위해 형의 행세를 하는 등 부모의 사랑을 제대로 받지 못하고 불행한 어린 시절을 보냈다.

배리는 에딘버러 대학 졸업 후 신문기자로 일하다가 1885년부터 작품 활동을 시작했다. 자주 산책을 다니던 런던 켄싱턴 공원에서 데이비스(Davies) 부부의 아이들을 만나 친하게 지냈는데 이들이 훗날 〈피터 팬〉의 모델이 되었다. 어릴 적 형의 죽음에서 영감을 얻었던 '영원한 어린 시절'을 소재로 하여 쓰여진 〈피터 팬〉은 어른들을 위한 소설 〈작고 하얀 새(The Little White Bird)〉에 처음 등장하였다. 이후 어린이를 위한 희곡 〈피터 팬〉으로 다시 쓰여 1904년 초연된 후 전 세계적으로 큰 인기를 끌었고, 1928년에 소설로 재구성되었다.

작가로서의 공로로 준남작의 지위와 훈장까지 받았던 배리는 평생 아이들과 함께 지내면서 아동문학 창작에 온 힘을 기울였으며, 피터 팬의 모든 저작권을 런던의 아동병원에 기부하여 아이들에 대한 자신의 사랑을 오늘날까지도 계속 이어가고 있다.

Peter Pan
피터 팬은 …

영원히 아이로 남고 싶어하는 소년 피터가 상상의 섬 네버랜드에서 겪는 모험 이야기로, 피터는 작가 배리가 꿈꾸었던 그 자신의 모습이기도 하다.

어느 날 달링 씨네 집에 왔다가 그림자를 잃어버린 피터 팬은 웬디의 도움으로 그림자를 되찾고 웬디와 동생들을 네버랜드로 데리고 간다. 그러나 도중에 해적의 공격으로 모두 뿔뿔이 흩어지게 되고, 웬디는 팅커 벨의 질투로 잃어버린 아이들의 공격을 받기도 하지만 다행히 위기를 모면하고 잃어버린 아이들의 엄마가 된다. 한편 피터를 미워하는 후크 선장은 피터가 사는 땅밑 집을 발견하고 그를 붙잡을 기회를 노린다. 네버랜드를 떠나기 싫어하는 피터를 남겨두고 밖으로 나오던 아이들은 기다리고 있던 해적들에게 붙잡히게 되고, 팅커 벨의 도움으로 후크의 계략에서 벗어난 피터는 후크를 물리치고 웬디와 아이들을 집으로 무사히 데려다 준 뒤, 팅커 벨과 함께 네버랜드로 돌아간다.

〈피터 팬〉은 아이들에게는 무한한 상상의 세계를, 그리고 어른들에게는 잃어버린 동심의 세계를 일깨워 줌으로써, 바쁘고 각박한 세상을 살아가는 우리들에게 어린 시절의 순수성과 꿈을 잊지 않도록 해 준다.

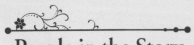

People in the Story

Tinker Bell 작고 아름다운 피터의 요정 친구. 웬디를 질투하기도 하지만 피터와 함께 웬디와 아이들을 해적들로부터 구해 낸다.

John & Michael 웬디의 동생들. 모험하기를 좋아해서 네버랜드의 생활이 신나기도 하지만 부모를 그리워하게 된다.

Wendy 잃어버린 아이들의 엄마가 되는 소녀. 잃어버린 아이들에게 이야기를 들려주고 부모의 사랑을 깨닫게 해 준다.

Peter 영원히 아이로 살고 싶은 소년. 어른이 되기 싫어 네버랜드에서 잃어버린 아이들과 함께 살며 모험을 즐긴다.

Nana 달링 부부의 아이들을 돌보는 개. 아이들을 충실하게 보살피며 웬디를 찾아온 피터의 그림자를 붙어 샌다.

Mr. and Mrs. Darling 웬디와 존, 마이클의 부모. 아이들에게 헌신적이고 자상하며 이들이 떠나버린 후 돌아오기만을 애타게 기다린다.

The Lost Boys 부모를 잃고 네버랜드에 사는 소년들. 이야기를 좋아해서 웬디에게 엄마가 되어 이야기를 들려 달라고 한다.

Indians 네버랜드에 사는 인디언들. 피터가 추장의 딸을 구해 준 후 밤마다 피터의 땅밑 집을 지켜 준다.

Hook 피터를 몹시 미워하는 해적 선장. 피터에게 오른손을 잘린 후 복수하기 위해 호시탐탐 기회를 노린다.

Crocodile 시계 소리를 내는 악어. 피터가 던져 준 후크의 오른손을 삼킨 후 후크를 계속 쫓아다닌다.

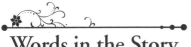

Words in the Story

환상의 섬 네버랜드로 여러분을 초대합니다.

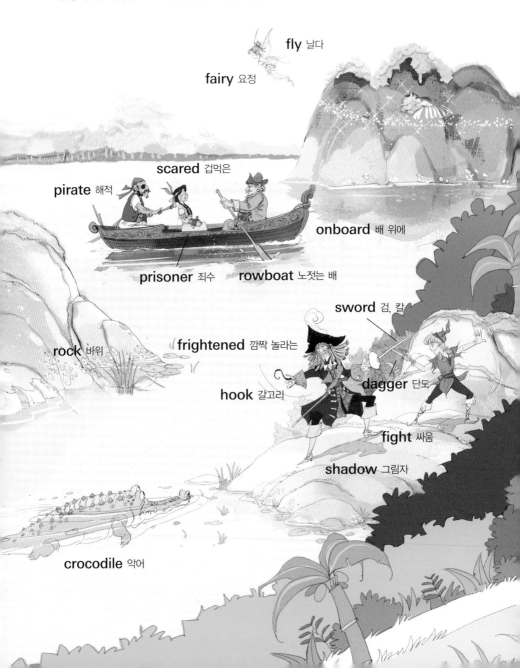

fly 날다

fairy 요정

scared 겁먹은

pirate 해적

onboard 배 위에

prisoner 죄수   rowboat 노젓는 배

sword 검, 칼

frightened 깜짝 놀라는

rock 바위

dagger 단도

hook 갈고리

fight 싸움

shadow 그림자

crocodile 악어

a Beautiful Invitation
– YBM Reading Library

Peter Pan

James Matthew Barrie

The Shadow

그림자

All children want to play happily forever.

They love adventures and fun very much.

One day, little Wendy was playing in the garden.

Her mother looked at her and said,

"Oh, my sweetie, I hope you never grow up."

But all children grow up.

Except for one little boy!

☐ shadow 그림자
☐ adventure 모험
☐ look at …을 보다
☐ sweetie 아가야, 애야

☐ grow up 자라다, 성장하다
☐ except for …을 제외하고
☐ nanny 유모
☐ take care of …을 돌보다

1 형용사(A) + enough to + 동사원형(B) B할 만큼 A한
They were not rich enough to have a nanny.
그들은 유모를 둘 만큼 형편이 넉넉하지는 않았다.

2 have + 목적어(A) + 동사원형(B) A에게(로 하여금) B하게 하다
So, they had a large dog take care of their children.
그래서, 그들은 커다란 개에게 아이들을 돌보게 했다.

In the middle of London, the Darling family
lived happily together.
Mr. and Mrs. Darling loved Wendy
and her younger brothers, John and Michael.
They were not rich enough to have a nanny. [1]
So, they had a large dog take care of their children. [2]
Her name was Nana and she went everywhere
with the children!

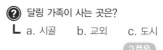

달링 가족이 사는 곳은?
ㄴ a. 시골   b. 교외   c. 도시

정답 ㄷ

One night, Mrs. Darling put the children to bed.

Then, she sat down to sew by the fireplace.

She was so tired that she soon fell asleep. [1]

Suddenly, a window opened without a sound.

A boy in green leaves slipped into the room. He brought a strange light with him, and it flew around the room. At that moment, Mrs. Darling woke up. She was surprised to see the [2] boy, and cried out.

□ put ... to bed …을 (잠)재우다
□ sew 바느질하다 (sew-sewed-sewn)
□ fireplace 벽난로
□ fall asleep 잠이 들다
□ slip into …로 (살짝) 들어가다
□ scream 비명, 절규
□ woof (개가) 으르렁거리는 소리

□ bark (개, 여우 등이) 짖다
□ spring at …에게 달려들다 (spring-sprang-sprung)
□ leap 뛰어오르다 (leap-leapt-leapt)
□ catch (붙)잡다 (catch-caught-caught)
□ fold (헝겊, 종이 등을) 접다
□ drawer 서랍

Nana heard her
scream and ran
into the room.
"Woof! Woof!"
She barked and
sprang at the boy.
The boy quickly
leapt through the
window, but he
was a little bit slow!
Nana caught his
shadow between
her teeth!

"Oh, that poor boy! He'll come
back for this," said Mrs. Darling. She folded the
shadow very carefully. Then she put it in a drawer.

---

1 **so + 형용사(A) + that절** 너무 A해서 …하다
   She was so tired that she soon fell asleep.
   그녀는 너무 피곤해서 이내 잠이 들고 말았다.

2 **be + surprised to + 동사원형** …해서 놀라다
   She was surprised to see the boy, and cried out.
   그녀는 소년을 보고 놀라서 소리를 질렀다.

The real trouble began the very next night.

After Mr. Darling and his wife went to a party, [1]

Nana barked again and again. So the cook* chained

her up in the garden.

옛날 영국의 상류총 가정에는 요리사와 하녀,
유모까지 있었지만 그리 부유하지 않았던
달링 씨네 집에는 요리사만 있었어요.

The children were fast asleep.

Suddenly, a very bright light filled their room!

Then the boy flew in through the window.

"Tink," he whispered.

"Where is my shadow?"

"It's in that drawer, Peter!" said Tinker Bell.

He opened it and found his shadow.

Then, Tinker Bell jumped into the drawer

to explore.

□ trouble 문제, 걱정거리
□ cook 요리사
□ chain ... up …을 사슬로 매다
□ be fast asleep 잠이 깊이 들다
□ fill (가득) 채우다

□ whisper 속삭이다
□ find 찾아내다 (find-found-found)
□ explore 탐험(답사)하다
□ stick ... back on …을 다시 붙이다
  (stick-stuck-stuck)

1 after + 주어 + 동사 …가 ~한 후에
  After Mr. Darling and his wife went to a party, Nana barked
  again and again.
  달링 씨 부부가 파티에 간 후, 나나가 계속 짖어댔다.

2 at (원인) …에 (의해서)
  Wendy woke up at Peter's crying.
  웬디는 피터의 울음 소리에 잠이 깼다.

But Peter didn't know, and closed it!

He tried to stick his shadow back on. ☀

But he couldn't! He sat on the floor and began to cry.

Wendy woke up at Peter's crying. [2]

Mini-Less☀n

try + ...ing / try to + 동사원형

try 다음에 동사의 ...ing 형태가 오면 '(시험삼아) … 해보다', 「to + 동사원형」이 오면 '… 하려고 노력하다' 라는 뜻이 된답니다.

- He tried to stick his shadow back on. 그는 자기 그림자를 다시 붙이려고 했다.
- The man tried changing the battery, but the tape player didn't work.
  그 남자는 배터리를 갈아 끼워보았지만 그 테이프 플레이어는 작동하지 않았다.

'팬'은 그리스 신화에 나오는
목축의 신 'Pan'에서 유래한 것으로
목축을 다스리며 음악과 춤을
좋아한 신이에요.

"Who are you?" asked Wendy.

"I'm Peter Pan.* I can't get my shadow to stick on!"

"Your shadow must be sewn on," she said.

"I'm Wendy. I'll do it for you!"

She sewed Peter's shadow to his feet.

"Thanks!" cried Peter. "Here's a present for you."

He gave an acorn to Wendy.

"It's pretty, Peter. Thank you."

She put it on a chain around her neck.

□ give 주다 (give-gave-given)
□ acorn 도토리
□ shut 가두다 (shut-shut-shut)
□ angrily 화가 나서

□ lovely 아름다운, 귀여운
□ fairy 요정
□ stand still 가만히 있다
□ hardly 거의 …아니다(않다)

Peter was so happy that
he danced for joy.
"Tink! Come out and
see me!"
Just then, they heard a
bell ringing in the drawer.
"Oh, no, I shut her in the
closet!" cried Peter.

When he opened the drawer, Tinker Bell came out
and flew angrily around the room.
"I'm so sorry, Tink," said Peter.
"What is that light?" cried Wendy. "Oh, it's lovely!"
"That's my fairy friend, Tinker Bell."
"I wish she would stand still," said Wendy.☀
"Then I could see her."
"Fairies hardly ever stand still."

Mini-Less☀n

See p.82

wish + 주어 + 과거형 조동사 + 동사원형: …라면 좋을 텐데
'…을 바라다'는 뜻의 동사 wish 다음에 「주어 + 과거형 조동사 + 동사원형」이 오면
현재 사실과 반대되는 상황을 소원하는 '…라면 좋을 텐데'라는 뜻이 된답니다.
• I wish she would stand still. 그녀가 가만히 있어주면 좋을 텐데.
• I wish I could play the piano. 내가 피아노를 칠 수 있으면 좋을 텐데.

"So, how old are you, Peter?" asked Wendy.

"I don't know," said Peter.

"I ran away when I was a baby."

"Why?"

"I didn't want to grow up! So I ran away."

"Oh, Peter, how sad!"☀

Then Peter told her more about his life. [1]

He said he was living with the Lost Boys in Neverland.

"Did they run away, too?" asked Wendy.

"No," said Peter. "They fell out of their carriages
and were lost."

"That's tragic!" cried Wendy.

"Then they went to Neverland. Now, they can live
there as children, forever!"

"It must be wonderful in Neverland," said Wendy. [2]

- □ run away 도망치다
- □ fall out of …로부터 떨어지다
- □ carriage 유모차 (= baby carriage)
- □ be lost 길을 잃다
- □ tragic 가엾은, 정말 불쌍한
- □ as …로(서)

1 **tell + 목적어(A) + 목적어(B)** A에게 B를 말하다
   Then Peter told her more about his life.
   그때 피터는 그녀에게 자신이 살아온 이야기를 더 말해주었다.

2 **must be + 형용사 / 명사** …임에 틀림없다
   It must be wonderful in Neverland. 네버랜드는 정말 멋진 곳임에 틀림없어.

"Yes, it is. But we are lonely."

"Why?"

"We have no one to tell us stories. And we love stories!"

"How sad!" said Wendy. "I know lots of stories!"

Mini-Less☀n

감탄문: how + 형용사 / 부사 (+ 주어 + 동사)!

'정말 …하구나!' 라는 감탄문은 how 다음에 형용사나 부사를 쓰면 된답니다.
이때 「주어 + 동사」는 생략해도 돼요.

- "Oh, Peter, how sad!" said Wendy. "어머, 피터, 정말 안됐구나!"라고 웬디가 말했다.
- The woman said, "How sorry I am!" 그 여자는 "정말 딱하군요!"라고 말했다.

Check-up Time!

● WORDS

다음 단어에 해당하는 그림을 찾아 연결하세요.

1 cook   ·

2 fairy   ·

3 drawer   ·

4 fireplace ·

· a.

· b.

· c.

· d.

● STRUCTURE

괄호 안의 단어를 바르게 배열해 문장을 완성하세요.

1 They were not (enough, to, rich, have) a nanny.

→ They were not _____ a nanny.

2 I saw them (arrived, after, I) there.

→ I saw them _____ there.

3 The woman said, "(sorry, am, how, I)!"

→ The woman said, "_____!"

문장의 앞부분과 뒷부분을 본문에 나오는 내용을 생각하며 연결하세요.

1 Peter •   • a. put an acorn on a chain.

2 Nana •   • b. took care of the Darling's children.

3 Wendy •   • c. said the shadow was in the drawer.

4 Tinker Bell • • d. quickly leapt through the window.

● SUMMARY

빈 칸에 맞는 말을 골라 이야기를 완성하세요.

One night, Peter went to Wendy's home with Tinker Bell and Nana (   ) his shadow. The following night, he went back and (   ) the shadow. Wendy (   ) it back on. So, he (   ) her an acorn. She made a necklace with it and wear around her neck.

a. found

b. gave

c. caught

d. sewed

Come, Fly with Me!

나와 함께 날아가자!

Suddenly, Peter pulled Wendy toward the window.

"Come to Neverland with me, Wendy!" he cried.

"Tell your stories to the Lost Boys!

They'll like them."

"I can't come! I can't fly!" said Wendy.

"I'll teach you to fly." [1]

"Really!" she cried.

"Will you teach John and Michael, too?"

"Yes, I will," said Peter.

She woke up her brothers.

"John, Michael! Wake up! Peter Pan will teach us

to fly!"

□ fly 날다 (fly-flew-flown)   □ ceiling 천장
□ sprinkle A on B A를 B에 뿌리다   □ mermaid 인어
□ fairy dust 요정 가루   □ pirate 해적
□ take off (비행기 등이) 날아오르다   □ at once 곧, 즉시

1 **teach + 목적어(A) + to + 동사원형(B)** A에게 B하는 법을 가르쳐 주다
   I'll teach you to fly. 너에게 나는 법을 가르쳐 줄게.

2 **let's + 동사원형** …하자
   "Let's go outside!" cried John. "바깥으로 나가 보자!"라고 존이 소리쳤다.

Peter sprinkled fairy dust on them.

"Now, wave your arms and take off!" said Peter.

They began to fly up and up, to the ceiling!

"We're flying!" shouted John and Michael.

"This is wonderful!" said Wendy.

"Let's go outside!" cried John. [2]

But Wendy was worried about her parents.

"There are mermaids and pirates in Neverland!" said Peter.

"Pirates?" said the boys. "Let's go at once!"

"Come along!" cried Peter.

Wendy, John and Michael flew into the night
sky with Peter. They smelled the smoke when they
flew over the chimneys. They flew around church
spires and heard their bells ringing. [1]
Then they flew and flew over the sea. Soon, they
were close to Neverland. They could see animals
moving in the forests. And they could hear the
Indians beating their drums.

□ chimney 굴뚝
□ spire 뾰족탑, 첨탑
□ close to …에 가까운
□ forest 숲
□ beat 두드리다

□ one (특정한 무리나 종류 중의) 한 사람, 하나
□ cut off 자르다
□ hook 갈고리
□ in silence 말없이, 조용히
□ hide 숨기다, 숨다 (hide-hid-hidden)

"Shhh," whispered Peter.

"There are pirates below us!"

"Pirates?" cried the children.

"Yes! Their Captain Hook is

the worst one,"² said Peter.

"I cut off his hand in

a fight. So he has a hook

on his right hand."

Wendy and her brothers

became afraid and flew

in silence.

"Hide Tink in your pocket,

John," whispered Peter.

"If the pirates see her light,

they will find us!"

---

1 **hear + 목적어(A) + ...ing(B)** A가 B하는 소리를 듣다
They heard their bells ringing. 그들은 종이 울리는 소리를 들었다.

2 **the + 형용사의 최상급** 가장 …한
Their Captain Hook is the worst one.
그들의 선장 후크는 가장 나쁜 해적이야.

Suddenly, there was a
huge crashing sound!
"Boooooooom!"
Something whizzed
past them in the dark.
The pirates had fired
their cannon at them.
"Be careful!" shouted Peter.
The sound thundered
all around them.
Then strong winds
swept over them.
Thankfully no one was
hurt, but the children were
scattered across the sky.

Mini-Less⦿n

see + 목적어(A) + 과거분사(B) : A가 B되는(당하는) 것을 보다

See p.83

see 다음에 목적어가 오고 목적보어로 과거분사가 오면 '…가 ~되는(당하는) 것을
보다' 라는 뜻이 된답니다.

• I saw Peter swept far out to sea.   피터가 바다 쪽으로 멀리 날려가는 것을 보았어.
• She saw the actor left alone on the stage.   그녀는 그 배우가 무대에 홀로 남겨진 것을 보았다.

After a while, John
and Michael found
themselves alone [1]
in the dark sky.
"Are you hurt?"
asked John anxiously.
"I don't think so," said Michael.
"How about you?
Are you alright?"
"Yes, but I saw Peter swept far*
out to sea," said John.
"Where is Wendy?" asked Michael.
"I don't know. Let's go down to find her."

- □ huge 엄청난, 거대한
- □ crashing sound 폭발음
- □ whiz 핑 소리를 내며 날아가다
- □ fire ... at ⋯을 ~에게 발포(사격)하다
- □ cannon 대포
- □ thunder (천둥소리같이) 우르렁거리다
- □ sweep over ⋯을 휩쓸다
- □ hurt 다친
- □ scatter (사방으로) 흐트러뜨리다
- □ after a while 잠시 후
- □ anxiously 걱정스럽게
- □ far out 멀리 밖에

1 find + 목적어(A) + 형용사/부사(B) A가 B라는 것을 알다(깨닫다)

After a while, John and Michael found themselves alone in
the dark sky.
얼마 후, 존과 마이클은 자신들만 어두운 하늘에 따로 떨어져 있다는 것을 알게 되었다.

Wendy and Tinker Bell were blown upward together.

"Peter? John, Michael? Where are you?" cried Wendy.

"They're alright, Wendy. Follow me," said Tinker Bell.

Wendy hurried to follow Tinker Bell. [1]

Tinker Bell wasn't really a bad fairy.

But she was jealous of Wendy. [2]

She knew Peter liked Wendy more.

Tinker Bell flew quickly to Peter's underground home.

She wanted to find the Lost Boys before Wendy.

"Boys!" Tinker Bell shouted. "Where are you?"

"We're here," they answered.

The Lost Boys came out of their home,
one by one.

"A horrible Wendy bird is coming," cried Tinker Bell. "Peter wants you to kill her!"
So the Lost Boys hid in the trees with their bows.
"There she is," shouted Tinker Bell. "Fire now!"
The boys fired their arrows at Wendy. One of them hit her, and poor Wendy fell toward the ground!

❓ 소년들이 웬디를 화살로 쏜 이유는?

 a. 웬디를 질투해서
 b. 새를 잡기 위해서
 c. 팅커 벨의 말에 속아서

유답 ○

☐ blow upward …을 위쪽으로 불어 보내다 (blow-blew-blown)
☐ underground 지하(의)
☐ one by one 한 사람씩, 차례로

☐ horrible 무서운, 끔찍한
☐ bow 활
☐ arrow 화살
☐ hit 명중시키다 (hit-hit-hit)

1 **hurry to + 동사원형** 서둘러(급히) …하다
Wendy hurried to follow Tinker Bell. 웬디는 서둘러 팅커 벨을 따라갔다.

2 **be jealous of** …을 질투하다
But she was jealous of Wendy. 그러나 그녀는 웬디를 질투했다.

At that very moment, Peter arrived to rescue Wendy.

He gently laid her on the grass.

He took the arrow out of the acorn necklace. [1]

The acorn had saved her life!

Peter shouted with anger,

"Why did you hurt my new friend?"

"Tink said you wanted us to kill her!"

cried the Lost Boys.

☐ at that very moment 바로 그 순간
☐ rescue 구(조)하다
☐ lay ... on …을 ~에 두다(놓다)
   (lay-laid-laid)
☐ necklace 목걸이
☐ save 구하다

☐ with anger 화가 나서
☐ forgive 용서하다
☐ yell 고함치다
☐ a bit of 약간의
☐ accident 사고, 사건
☐ carry 옮기다(운반하다)

Tinker Bell flew onto his shoulder and begged him to forgive her. [2]

"Go away! Leave here right now!" yelled Peter.

Just then Michael and John arrived.

"What happened to Wendy?" cried Michael.

"She had a bit of an accident," said Peter,

"but she's alright!"

"Let's carry her into the underground home,"

said one of the Lost Boys.

"No, let her rest," said Peter. ☀

"We'll build a house around her!"

---

1 **take + 목적어(A) + out of ...** A를 …에서 빼내다(꺼내다)
   He took the arrow out of the acorn necklace.
   그는 화살을 도토리 목걸이에서 빼냈다.

2 **beg + 목적어(A) + to + 동사원형(B)** A에게 B해달라고 빌다(청하다)
   Tinker Bell begged him to forgive her.
   팅커 벨은 그에게 용서해 달라고 빌었다.

Mini-Less☀n

let + 목적어(A) + 동사원형(B): A를 B하게 하다
동사 let은 '…을 ~하게 하다'라는 의미로, let 다음에 목적어가 오고 그 뒤에는
동사원형이 온답니다.

- "No, let her rest," said Peter. "아냐, 그녀를 쉬게 하자."라고 피터가 말했다.
- The boy let his dog run in the park. 그 소년은 자기 개를 공원에서 달리게 했다.

So Peter and the boys built a little house.* ¹

영국에서는 아이들이 들어가 노는 장난감 집을 Wendy house라고 부르는데 바로 원디를 위해 지은 이 집에서 유래했어요.

Its walls were made of bright redwood.

And the roof was covered in green leaves and moss.

When Wendy woke up, she was very surprised.

"Where am I?"

"We built this for you, Wendy," said Peter.

"Oh, it's so pretty! Thanks!"

Then the Lost Boys gathered around her.

"We have no mother to tell us stories," they cried.

"Please be our mother!"

"But I'm just a little girl," said Wendy.

"That doesn't matter," said Peter.

"Okay, I'll try my best," said Wendy. ²

Peter and the Lost Boys cheered for joy.

"Now, I'll tell you a story before you go to bed."

That night, Wendy told them the story of *Cinderella*.

When she had finished it, the boys were all fast asleep!

---

[1] **be made of + 명사(A)** A로 만들어지다
Its walls were made of bright redwood.
벽은 밝은 삼나무로 만들어졌다.

[2] **try one's best** (…의) 최선을 다하다
"Okey, I'll try my best," said Wendy.
"좋아, 최선을 다할게." 웬디가 말했다.

38 • Peter Pan

□ redwood (붉은색의) 미국 삼나무
□ roof 지붕
□ moss 이끼
□ gather around ··· (의) 주위에 모이다

□ matter 중요하다, 문제가 되다
□ cheer 환호하다
□ for joy 기뻐서
□ go to bed 잠자리에 들다

 Check-up Time!

● WORDS

퍼즐의 빈 칸에 들어갈 알맞은 낱말을 쓰세요.

```
          1
          t
                 3
    2 □ □ □  m □ □ □
          □       □
          □       □
      4 d □ □ □
          □
   5 m □ □ □ □ □
```

Across

2. 굴뚝
4. 가루
5. 인어

Down

1. (천둥소리같이)
   우르렁거리다
3. 이끼

● STRUCTURE

괄호 안의 두 단어 중 알맞은 단어를 골라 문장을 완성하세요.

1 The boy let his dog (to run, run) in the park.

2 They heard the bells (ringing, to ring).

3 I saw Peter (swept, to sweep) far out to sea.

본문의 내용과 일치하면 True, 일치하지 않으면 False에 표시하세요.

1 Peter sprinkled water on Wendy, John, and Michael.

☐ True   ☐ False

2 The Captain Hook has a hook on his right hand.

☐ True   ☐ False

3 Tinker Bell told a lie to the Lost Boys.

☐ True   ☐ False

4 The Lost Boys carried Wendy into their home.

☐ True   ☐ False

● SUMMARY

빈 칸에 맞는 말을 골라 이야기를 완성하세요.

Wendy, John and Michael (   ) to Neverland with Peter.
Unfortunately some pirates (   ) their cannons at them.
They were (   ) around the sky. Tinker Bell guided
Wendy to Peter's home. She was jealous, and told the
Lost Boys to kill Wendy. Luckily, Peter (   ) her and she
became a mother for the children.

a. scattered   b. rescued   c. fired   d. flew

Adventures in Neverland

네버랜드에서의 모험

Life in Neverland was very exciting!

The children enjoyed new adventures every day.

One day, John, Michael and the Lost Boys went on another adventure.

They wanted to find some Indians in the woods.

"We should surround them," whispered John.

□ adventure 모험
□ exciting 재미있는, 즐거운
□ go on ···하러 가다 (go-went-gone)
□ surround 둘러싸다

□ nod (고개를) 끄덕이다
□ all of a sudden 갑자기
□ dozens of 수십 명(개)의
□ frightened 깜짝 놀란, 겁이 난

The Lost Boys nodded and agreed.

"Then we can take them by surprise," said Michael quietly. [1]

All of a sudden, they heard lots of shouting.

Dozens of Indians came running out of the trees!

They had paint on their faces, and looked very scary.

The boys were really frightened. They could not move.

The Indians caught the boys and took them to their village.

1 **take + 목적어(A) + by surprise** A를 습격(기습)하다
  "Then we can take them by surprise," said Michael quietly.
  "그러면 인디언들을 습격할 수 있을 거야."라고 마이클이 나직이 말했다.

Meanwhile, Peter and Wendy went to the Mermaid Pool.

"Sometimes we see lots of mermaids here," said Peter.

"But I can't see any one today. It's very strange."

Then they saw a small rowboat on the water.

"Pirates! Let's hide!" cried Peter.

They quickly hid behind a big rock and watched the boat.

☐ meanwhile 한편
☐ pool 연못
☐ rowboat (노로 젓는) 배
☐ ankle 발목

☐ tie 묶다(매다)
☐ thick 굵은, 두꺼운
☐ rope 밧줄
☐ chief 추장, 족장

It came closer and closer. [1]

In the boat were two pirates and an Indian girl.

The girl's hands and ankles were tied with thick ropes.

"Peter, who is that girl?" whispered Wendy.

"It's Princess Tiger Lily!" cried Peter.

"She's the daughter of the Indian Chief.

I must rescue her."

1 비교급 + and + 비교급 점점 더 … 한
It came closer and closer. 그 배는 점점 더 가까이 다가왔다.

He tried to copy Hook's voice.

"Hey, there!" shouted Peter.

"It's Captain Hook!" ★ 작가 배리는 자신이 좋아했던 소설
「보물섬」에 등장하는 해적들을 떠올리며
said one of the pirates. 악당 후크 선장을 탄생시켰다고 해요.

"I've changed the plan," said Peter.

"We don't need her. Let her go."

"But, Captain!" said the other pirate. ☀

"Now! Or you will feel my hook."

The pirates began to untie Tiger Lily.

☐ copy 흉내내다
☐ there 이봐, 여보게
☐ need 필요로 하다

☐ or (명령문 뒤에서) 그렇지 않으면
☐ untie 풀어 주다
☐ roar 고함치다

1 **be going to + 동사원형** …하려고 하다
Why are you going to free her? 왜 소녀를 풀어주려고 하는 거냐?

2 **I wonder + 절** …이 아닐까 (생각하다)
But, I wonder who did? 그런데, 도대체 누구의 짓일까?

Mini-Less☀n

the other : (둘 중) 나머지 한 사람(하나)

사람이나 물건이 둘일 경우 '하나'는 one, '나머지 하나'는 the other라고 한답니다.
셋일 경우 '다른 하나'는 another라고 한다는 것도 알아두세요.

• "But, Captain!" said the other pirate. "하지만, 선장님!" 나머지 해적 한 명이 말했다.
• One of the cats is black; another is brown; the other is white.
고양이 한 마리는 검은색이고, 다른 한 마리는 갈색, 나머지 한 마리는 흰색이다.

"What are you doing?"

Another voice roared behind them.

The pirates were surprised and turned to look.

The real Captain Hook was following in another boat!

"Why are you going to free her?" asked Hook. [1]

"You ordered us to," said one of the pirates.

"What?" he cried.

"I never told you to do that!"

Hook was very angry.

"But, I wonder who did?" [2]

he thought.

Then Peter stepped out from behind the rock.

"Hook! Here I am! Come and fight me!" he cried.

"So there you are!" yelled Hook.

They stood on the rock and stared at each other. [1]

Hook took a step forward to attack Peter with his hook.

But he couldn't move, and his face turned white!

Tick, tick, tick, tick!

"The crocodile!" shouted Hook.

He jumped into the water and began to swim.

"Swim faster, Captain! The crocodile is right
behind you!"

Just in time, Hook reached the boat and they rowed
quickly away. Peter and Wendy took Tiger Lily to
the Indian village. The Indian Chief was very happy
to see her safe. So he let John, Michael and the Lost [2]
Boys go free.

□ fight 싸우다
　(fight-fought-fought)
□ each other 서로, 상호간에
□ take a step forward 앞으로
　한 걸음 내딛다
□ attack 공격하다

□ turn + 형용사/명사 …(으로) 변하다(바뀌다)
□ tick (시계 등의) 똑딱(재깍)거리는 소리
□ crocodile 악어
□ right behind 바로 뒤에
□ reach 도착하다
□ in time 제 시간에, 늦지 않고

1　**stare at** …을 노려보다(응시하다)

They stood on the rock and stared at each other.

그들은 바위에 서서 서로 노려보았다.

2　**형용사(A) + to + 동사원형(B)** B해서 A하다

The Indian Chief was very happy to see her safe.

인디언 추장은 딸이 안전한 것을 보게 되어서 너무나 기뻤다.

Hook was very angry! He didn't like Peter's trick.

So he tried and tried to find Peter.

One night, Hook and his men were still searching for [1]
Peter. Hook was tired and sat on a large mushroom.

"I hate Peter Pan," he said.

"He cut off my arm, and threw it to a crocodile.

And now, the crocodile keeps following me around!"

"But Captain," said one of the pirates.

"The 'tick-tick' sound warns you it's coming." ☀

"Yes," said Hook.

"Luckily for me, the crocodile swallowed a clock."

Suddenly he jumped up.

"I'm burning!" cried Hook.

He picked up the mushroom and looked at it carefully.

Then, smoke came out of the ground.

"A chimney!" he cried.

They had discovered Peter's underground home!

"We'll return with all the pirates," said Hook.

"This time I'll surely take Peter!"

---

1 **search for** ···을 찾다〔수색하다〕
  One night, Hook and his men were still searching for Peter.
  어느날 밤, 후크와 부하들은 여전히 피터를 찾아다니고 있었다.

- □ trick 속임수, 장난
- □ mushroom 버섯
- □ hate 미워(증오)하다
- □ keep + ...ing 계속(줄곧) …하다

- □ swallow 삼키다
- □ smoke 연기
- □ return 돌아오다
- □ take 붙잡다 (take-took-taken)

Mini-Less☼n

warn + 목적어(A) + (that) + 절: A에게 …라고 경고하다

- The 'tick-tick' sound warns you it's coming.
  그 '틱틱' 소리는 선장님에게 악어가 오고 있다고 경고하잖아요.
- The man warned me that the animal was very dangerous.
  그 남자는 나에게 그 짐승이 매우 위험하다고 경고했다.

Check-up Time!

● WORDS

다음 그림을 보고 보기에서 알맞은 단어를 골라 문장을 완성하세요.

mushroom	ropes	rowboat

1 The girl's hands were tied with thick _____ .

2 Hook was tired and sat on a large _____ .

3 Then, Peter saw a small _____ on the water.

● STRUCTURE

빈 칸에 알맞은 단어를 골라 문장을 완성하세요.

1 Hook was still searching _____ Peter.
   a. to   b. on   c. for

2 We can take the Indians _____ surprise.
   a. by   b. on   c. for

3 You should not stare _____ people like that.
   a. for   b. at   c. by

ANSWERS

이야기의 흐름에 맞게 순서를 정하세요.

a. The pirates began to untie Tiger Lily.

b. Peter and Wendy went to the Mermaid's Pool.

c. Peter copied Hook's voice behind the rock.

d. Hook and the pirates rowed quickly away.

(   ) → (   ) → (   ) → (   )

● SUMMARY

빈 칸에 맞는 말을 골라 이야기를 완성하세요.

One day, some (   ) caught John, Michael and the Lost Boys. Meanwhile, Peter played a (   ) on the pirates to rescue Tiger Lily at the Mermaid's Pool. Hook and the pirates hurried back to their ship because of the (   ). Peter took her to the Indian village, and the boys were set free. Later, Hook found Peter's (   ) home.

a. crocodile   b. underground

c. Indians   d. trick

ANSWERS

Focus on Background

웬디와 동생들이 피터 팬을 따라 네버랜드로 갈 수 있었던 것은 바로 팅커 벨의 '요정 가루' 덕분이었죠. 그런데, 요정 가루란 도대체 무엇일까요?

요정 가루는 소원을 이루어 줍니다!

Fairy Dust
Can Make Your Wish Come True!

'Fairy Dust' is one of the most famous magic powers of the fairies. When a fairy sprinkles her fairy dust on something, wonderful magical things can happen! When the children believed in fairies, they made Tinker Bell come alive again. Therefore, if you really believe in something, you can make it happen!

'요정 가루' 는 요정이 부리는 마법 가운데 가장 유명한 것 중 하나지요. 요정이 요정 가루를 뿌리면, 놀라운 요술이 벌어진답니다! 어린이들이 요정의 존새를 믿었던 덕분에, 팅커 벨을 다시 살아나게 할 수 있었죠. 그러니까, 여러분들이 무언가를 진심으로 믿는다면, 그 꿈을 이룰 수 있는 거랍니다!

What is fairy dust?

It's the dust made by the movement of a
fairy's wings. It's very similar to butterfly dust
or flower pollen. Fairies hardly ever stand still,
so they keep making the dust!

요정 가루란 무엇일까요? 요정 가루란 요정의 날갯짓으로 만들어지는 가루랍니다.
나비 가루나 꽃가루와 아주 흡사하지요. 요정은 가만히 있는 경우가 거의 없으므로,
계속 가루를 날리게 되지요!

What color is fairy dust?

You might think it is gold, or the colors of the rainbow.
But fairy dust has no color. The light reflecting on it
makes it shine.

요정 가루는 무슨 색깔일까요? 황금색이나 무지개 색이라고 짐작하겠죠. 하지만
요정 가루는 색깔이 없답니다. 가루에 반사되는 빛이 반짝반짝 빛나는 거랍니다!

What can fairy dust do?

Tinker Bell's fairy dust can make the children fly. It might
also make a flower bloom in winter, or heal a disease! It
could make your wish come true!

요정 가루는 어떤 일을 할 수 있을까요? 팅커 벨의 요정 가루는 아이들을 날 수 있게 하죠.
요정 가루는 또한 겨울에도 꽃을 피게 할 수 있고, 병을 낫게 할 수도 있어요! 여러분의 소원을
이루어 줄 수 있답니다!

Hook Wants His Revenge

후크 복수를 원하다

The Indians were grateful to Peter for saving [1]
Tiger Lily. So they guarded Peter's underground
home every night. One evening, Wendy was
telling the children a story.

"Once upon a time, there was a gentleman and
a lady," began Wendy.

"Their names were Mr. and Mrs. Darling."

"I know them!" shouted John.

"They loved their three children very much,"
continued Wendy. "But one night, all the children
flew away to Neverland."

☐ revenge 복수
☐ guard 지키다(보호하다)
☐ continue 계속하다

☐ miss 그리워하다
☐ leave + 목적어(A) + 형용사
　A를 …한 상태로 (놓아) 두다

1 **be grateful to + 목적어(A) + for ...ing** …한 것에 대해 A에게 고마워하다
The Indians were grateful to Peter for saving Tiger Lily.
인디언들은 타이거 릴리를 구해준 것에 대해 피터에게 고마워했다.

2 **must have + 과거분사** …였음에 틀림없다
They must have missed their children very much.
그분들은 아이들을 무척 그리워하셨음에 틀림없어.

"They must have missed their children very much," [2]
said one of the Lost Boys.

"They always left the window open at night,"
said Wendy.

"They thought their children would come back
through it."

"I want to see Mom and Dad," sobbed Michael.

"Wendy, let's go home!" cried John.

Wendy and the children missed their parents very
much. Tears began falling from their eyes.

The Lost Boys also felt sad, and began to cry.

Wendy felt sorry for them. [1]

"Do you want to come with us?"

"Yes, we all do!" cried the Lost Boys, joyfully.

Only Peter looked unhappy.

"I don't want to leave Neverland," he said.

□ sob 흐느껴 울다
□ either (부정문에서) …도 또한
□ coldly 냉정하게, 싸늘하게

□ one's way home (…의) 집으로 가는 길
□ without …없이
□ bluntly 무뚝뚝하게

"And I don't want to grow up, either!"

"Peter, you'll like our parents.

They'll welcome you, too!"

Wendy wanted Peter to go with her.

"Peter, please come with us," said the Lost Boys.

"No! If you want to go, just go!" Peter said coldly.

Then he turned his head away.

"I don't want to talk anymore! Bye!" [2]

"We can't find our way home without you,"

said Wendy.

"Tink, you can guide them back to town."

said Peter bluntly.

---

1 **feel sorry for** …을 딱하게(안쓰럽게) 여기다
Wendy felt sorry for them. 웬디는 그들이 딱하게 여겨졌다.

2 **not ... anymore** 더 이상(이제는) … 아닌
I don't want to talk anymore! Bye! 더 이상 말하고 싶지 않아! 잘 가!

Mini-Less☀n

조건의 if: …라면

발생 가능한 일에 대하여 '…라면 ∼할 것이다' 라고 할 때는 「if + 주어 + 현재형 동사,
주어 + will / may / can + 동사원형」을 사용합니다. 이를 조건문이라고 해요.

- "No! If you want to go, just go!" Peter said coldly.
  "싫어! 가고 싶으면, 가 버려!"라고 피터는 쌀쌀맞게 말했다.

- If it rains tomorrow, I will stay at home. 내일 비가 오면, 집에 있을 거야.

Just then, Hook and his men arrived above Peter's home. The Indians were not ready to fight.[1]

So, they were surprised when the pirates attacked! And Hook's men easily won the battle.

Then, Hook took the mushroom off the chimney, and overheard Peter's words.

Underground, Wendy and the boys were listening to the sounds above.

"Which side won?" asked one of the Lost Boys.

"If the Indians win," said Peter, "they will beat their drums of victory."

Above ground, Hook heard this and smiled.

He ordered one of his men to beat a drum loudly.

Tom-tom! Tom-tom!

"It must be an Indian victory!" said Peter.

"Let's go outside, boys!" called Wendy.

"Good-bye, Peter," said Wendy and the boys.

"Bye," said Peter sadly, and went to bed.

☐ arrive 도착하다
☐ above … 보다 위에[높이]
☐ win the battle 싸움에서 이기다
☐ overhear 엿듣다
☐ side (적, 자기편의) 편, 쪽
☐ victory 승리

1 **be ready to + 동사원형** …할 준비가 되다
The Indians were not ready to fight. 인디언들은 싸울 준비가 되어 있지 않았다.

Wendy and the children went outside.

But Hook and the pirates were waiting for them!

The pirates caught them easily, and took them to

their pirate ship. [1]

Hook stayed behind, and went underground to find

Peter. Peter was fast asleep in his bed. Hook saw a

glass of water on the table, and dripped some poison

into it. Then he climbed up the ladder, and went

back to his pirate ship.

But he didn't know someone
was watching him.
Tinker Bell had hidden
behind the curtain.
She had seen everything!
"Wake up, Peter!"
cried Tinker Bell.
"The pirates took Wendy and
the children to their ship!"
"I'll rescue them," shouted Peter.

□ wait for …을 기다리다
□ stay behind 뒤에 남다, 잔류하다
□ drip 똑똑 떨어뜨리다
□ poison 독약
□ climb up …을 오르다
□ ladder 사다리

1 take + 목적어(A) + to + 장소(B) A를 B에 데려가다
The pirates caught them easily, and took them to their pirate ship.
해적들은 쉽게 그들을 붙잡아, 해적선에 데리고 가버렸다.

See p.84

Mini-Lesson

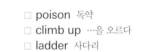

a glass of water: 물 한 잔

water처럼 일정한 모양이 없어서 셀 수 없는 명사들은 양을 재는 단위를 사용하여
그 양을 표현한답니다. water나 milk는 흔히 a glass of를 써서 수량을 표시하는데요,
'물 한 잔'은 a glass of water, '물 두 잔'은 two glasses of water라고 해요.

• Hook saw a glass of water on the table. 후크는 탁자 위에 물 한 잔이 놓여 있는 것을 발견했다.
• She had toast and a glass of milk for breakfast. 그녀는 아침식사로 토스트와 우유 한 잔을 먹었다.

Peter felt thirsty so he picked up the glass.

"No!" Tinker Bell cried and jumped into it.

She drank all the poisoned water!

"Tink! What are you doing?" cried Peter.

"Hook poisoned it!" she said weakly.

Then she sank down on the table.

"Oh, Tink, did you drink it to save me?"

Tinker Bell could not answer. She was already dying!

☐ thirsty 목마른
☐ pick up …을 집어늘다
☐ drink 마시다 (drink-drank-drunk)
☐ sink down 쓰러지다 (떨어지다)
　 (sink-sank-sunk)

☐ faintly 희미하게
☐ get well 나아지다 (회복하다)
☐ clap 손뼉을 치다
☐ magically 마술처럼
☐ come (back) to life 되살아나다

Peter began to cry and his tears fell on her.

Then Tinker Bell whispered faintly.

"Peter, if children believed in fairies,* I could [1]
get well again."

작가 버려는 아기들이 태어나서 처음으로
웃을 때 요정이 생겨나고, 따라서 모든 어린이들에게는
자기만의 요정이 있다고 믿었기 때문에
이런 표현을 썼다고 해요.

Peter cried into the air.

"Children! If you believe in fairies, clap your hands,"
he shouted. "Please don't let Tink die."

Soon Peter could hear clapping sounds from all
around the world! Tinker
Bell magically came
back to life.

"Tink! You're
alive!" cried Peter.

"Let's go and
rescue Wendy!"

 아이들이 박수를 친 이유는?

a. 요정을 믿어서
b. 피터를 구하려고
c. 웬디를 살리려고

---

1 **believe in + 명사(A)** A(의 존재)를 믿다

Peter, if children believed in fairies, I could get well again.

피터, 아이들이 요정을 믿는다면, 난 다시 살아날 수 있을 텐데.

 # Check-up Time!

빈 칸에 알맞은 단어를 보기에서 골라 써 넣으세요.

revenge	battle	side	ladder

1 Then, he climbed up the _____.

2 Our _____ lost the baseball game.

3 The pirates easily won the _____.

4 Hook wanted his _____ for his hand.

● STRUCTURE

빈 칸에 알맞은 단어를 골라 문장을 완성하세요.

1 The Indians were grateful to Peter for _____ Tiger Lily.
   a. save   b. saving   c. saved

2 The parents must have _____ their children very much.
   a. miss   b. missing   c. missed

3 The Indians were not ready _____.
   a. to fight   b. fighting   c. fight

다음은 누가 한 말일까요? 기호를 써 넣으세요.

a. 　　b. 　　c.

1 "They always left the window open at night."　　____

2 "If you believe in fairies, clap your hands."　　____

3 "The pirates took Wendy and the children
　 to their ship!"　　____

● SUMMARY

빈 칸에 맞는 말을 골라 이야기를 완성하세요.

Wendy and the boys wanted to go back home, but Peter
didn't. When they went outside, the pirates caught the
children and (　　) them to their ship. Then, Hook (　　)
Peter's water. Tinker Bell saw it and (　　) the water. But
she did not die because all children believe in fairies. Peter
and Tinker Bell went to (　　) Wendy and the boys.

a. drank　　　b. save　　　c. poisoned　　　d. took

Peter Comes to the Rescue!

피터 구출하러 가다!

The pirates were preparing a plank of wood on
the ship. It looked like a diving board, but it wasn't!
"Bring up the prisoners," cried Hook.
Wendy and the boys were lined up in front of him.
"Now, children," said Hook.
"Will you obey my order to become pirates,
or will you walk the plank?"
The little boys hesitated. They were very scared.
But Wendy bravely stepped forward.
"Pirates are bad!" she cried.

☐ plank 두꺼운 널빤지
☐ look like + 명사 …처럼 보이다
☐ bring up 데려오다
☐ prisoner 죄수

☐ in front of …의 앞에
☐ obey 복종하다
☐ hesitate 망설이다
☐ scared 겁먹은, 깜짝 놀란

Mini-Less☀n

See p.85

만약 …라면 ~할까요?

현재의 사실과 다른 상황을 가정하여 물을 때는 '만약 …라면 ~할까요'라는 뜻의
「Would + 주어 + 동사원형, if + 주어 + 과거형 동사?」를 쓴답니다.

• Would they still love you, if you were bad pirates like Hook?
  너희들이 후크처럼 악한 해적이 된다면, 그분들이 계속 너희들을 사랑하시겠니?

Then she turned to the boys.

"Think of your mothers!"

"Would they still love you, if you were bad pirates like Hook?"

The boys thought for a moment.

"No, we refuse to be pirates,"[1] said all the children.

---

1 **refuse to + 동사원형** ···하지 않다〔거부하다〕

"No, we refuse to be pirates," said all the children.
"아니, 우리는 해적이 되지 않겠어."라고 아이들 모두가 대답했다.

Hook became very angry.

"Tie her up!" he yelled. "So, my beauty, now you'll watch the boys walk the plank. They'll all drown in the sea."

"Peter will save us!" cried Wendy.

"No, he won't! I poisoned his water," said Hook, laughing. "He is now dead. Ha! Ha!"

Wendy and the boys were sad, and began to cry.

Hook took a step toward Wendy.

□ beauty 미인
□ drown 물에 빠지다, 익사하다
□ laugh 웃다
□ onto …의 위에
□ pull out …을 뽑다[빼다]
□ sword 검, 칼
□ side 측면, 옆부분

Suddenly, he stopped moving! [1]

He heard that horrible sound again!

Tick, tick, tick, tick!

"Oh, no! Hide me!" cried Hook. "It's trying to come onto the ship!"

The pirates gathered all around him. They pulled out their swords to fight. The boys ran to the side of the ship to see the crocodile.

? 후크가 숨은 이유는?

a. 피터가 두려워서
b. 악어가 무서워서
c. 싸우기가 겁이 나서 　정답 b

---

1 **stop + ...ing** ···하던 것을 멈추다
Suddenly, he stopped moving! 갑자기, 그는 움직임을 멈췄다!

But, it wasn't the crocodile. It was Peter!
He was making the ticking sound. The boys were very
excited to see him again. They clapped and shouted
with joy. At last, Peter climbed onboard the ship.
"Peter Pan! You're not dead!" cried Hook.
"Come on, Hook. Prepare to die!" yelled Peter. [1]
"You prepare to die! I will take my revenge for
my hand!"
"Come on, see if you can defeat me!" [2]
The fight began. There was a loud crash of steel.

They fought backward and forward all over the ship. Finally, Peter stabbed Hook with his dagger. Hook began to bleed and stepped backward. Then he slipped and fell overboard into the water. Alas! The real crocodile was waiting for him in the sea!

- ☐ onboard 배 위에
- ☐ defeat …을 이기다, 패배시키다
- ☐ steel 강철
- ☐ stab 찌르다
- ☐ dagger 단검(단도)
- ☐ bleed 피를 흘리다(bleed-bled-bled)
- ☐ overboard 배 밖으로
- ☐ alas (감탄사) 아아, 오호

1 **prepare to + 동사원형** …할 준비(각오)를 하다
   Come on, Hook. Prepare to die! 덤벼라, 후크. 죽을 준비를 해라!

2 **see + if절** …인지 (알아)보다
   Come on, see if you can defeat me! 덤벼라, 네가 이길 수 있는지 보자!

Mini-Lesson

감정을 나타내는 과거분사와 …ing

감정을 나타내는 동사는 과거분사나 …ing형으로 자주 쓰이는데 사람을 주어로 할 경우에는 과거분사를, 사물을 주어로 할 경우에는 …ing를 씁니다.

- The boys were very excited to see him again. 소년들은 그를 다시 보게 되어서 매우 흥분했다.
- The game was so exciting that I couldn't stop playing it.
   그 게임이 너무 흥미진진해서 중단할 수가 없었다.

Now, it was time to go home. Together, they all
flew over the sea and over the mountains. Some
time later, they arrived near Wendy's hometown.
But Peter still wanted Wendy to stay with him
in Neverland.

"Be quick, Tink!" he said. "Let's go first."
Peter and Tinker Bell flew faster and arrived before
the others.

"Close the window and lock it," said Peter.
"Wendy will think her mother has already
forgotten her."

□ it's time to + 동사원형 …할 시간이다
□ together 함께, 같이
□ some time later 얼마 후에
□ still 아직도, 여전히

□ stay 머무르다, 묵다
□ lock 잠그다
□ forget …을 잊다
　(forget-forgot-forgotten)

Then, he heard Mrs. Darling sobbing in the next room.

"Come back, Wendy!" she cried. "Come back,
my children!"

"She loves Wendy, John, and Michael very much,"
thought Peter. He felt bad. So he opened the
window again.

---

1 **want + 목적어(A) + to + 동사원형(B)** A가 B하기를 바라다
But Peter still wanted Wendy to stay with him in Neverland.
그러나 피터는 여전히 웬디가 네버랜드에서 자신과 함께 있기를 바랐다.

Mini-Less☼n

과거에 시작한 일이 현재 끝난 상태라면?

'이미 …했다'라는 뜻으로 과거에 시작한 일이 이미 끝났음을 나타낼 때에는
「have/has + 과거분사」를 쓰면 돼요. already, just, yet 등의 부사가 함께 잘 쓰인답니다.

• Wendy will think her mother has already forgotten her.
  웬디는 엄마가 자기를 이미 잊어버렸다고 생각할 거야.

Wendy and the boys arrived home at last.

"Yes, the window is open!" said Wendy.

All of them were so pleased and flew into the room.

"Mother! We're home!" they cried.

Mr. and Mrs. Darling ran into the room, and Nana followed them.

"Oh, my! Our children have come home!"

They hugged the children and cried. Nana barked merrily. They were all so happy.

Mr. and Mrs. Darling welcomed the Lost Boys, too.

They're not 'Lost' boys any more!

Soon, Peter and Tinker Bell were ready to leave.

"Goodbye, boys," said Peter.

"Bye, Wendy. Keep telling your wonderful stories!"

Then Peter was off on another adventure with Tinker Bell.

Wendy and the boys stood for a long time at the window. They waved and waved until Tinker Bell's light faded away in the night sky.

☐ at last 마침내, 드디어
☐ follow (…의 뒤를) 따라 오다(가다)
☐ hug 꼭 껴안다

☐ merrily 즐겁게, 유쾌하게
☐ be off 떠나다, 출발하다
☐ fade away 사라지다, 없어지다

Check-up Time!

● **WORDS**

다음의 단어에 해당되는 뜻을 찾아 연결하세요.

1 drown •

2 obey •

3 hesitate •

4 lock •

5 stab •

• **a.** 잠그다

• **b.** 망설이다

• **c.** 찌르다

• **d.** 복종하다

• **e.** 물에 빠지다

● **STRUCTURE**

빈 칸에 알맞은 단어를 골라 문장을 완성하세요.

1 The boys were _____ to see Peter again.
   a. to excite   b. exciting   c. excited

2 Peter wanted Wendy _____ there.
   a. to stay   b. staying   c. stayed

3 I have already _____ lunch.
   a. to have   b. having   c. had

● COMPREHENSION

본문의 내용과 일치하면 True, 일치하지 않으면 False 에 표시하세요.

1 Peter opened the window again.

☐ True ☐ False

2 The crocodile made the ticking sound.

☐ True ☐ False

3 Hook bled and stepped backward.

☐ True ☐ False

4 Wendy was very scared of Hook.

☐ True ☐ False

● SUMMARY

빈 칸에 알맞는 말을 골라 이야기를 완성하세요.

Hook ordered the boys to be ( ), but they refused.
Peter arrived to save them, and won a ( ) against
Hook. Finally, the crocodile caught Hook. Peter took
Wendy and the boys to their ( ). Then, he and Tinker
Bell said goodbye, and went off on another ( ).

a. home b. adventure c. fight d. pirates

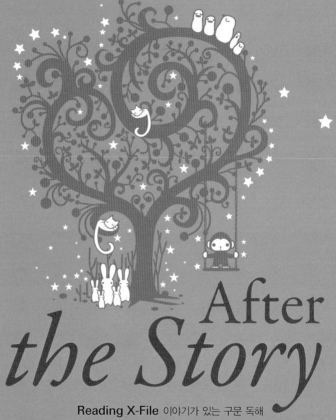

After
the Story

Reading X-File 이야기가 있는 구문 독해
Listening X-File 공개 리스닝 비밀 파일
Story in Korean 우리 글로 다시 읽기

I wish she would stand still.

그녀가 가만히 있어주면 좋을 텐데.

★　★　★

피터의 실수로 서랍에 갇혔던 팅커벨. 피터가 뒤늦게 서랍을 열자 화가
난 팅커벨이 쏜살같이 튀어나와 방안을 이리저리 날아다닙니다. 요정을
처음 본 웬디는 팅커벨의 아름다운 모습에 감탄하며 위와 같이 말하지요.
팅커벨을 좀더 자세히 보고 싶은 마음에 웬디는 '…가 ~하면 좋을 텐데'
라는 뜻의 I wish + 주어 + 과거형 조동사 + 동사원형을 써서 현재 상황
과는 반대되는 소망을 표현했답니다. 이 표현을 피터와 웬디의 대화로 다
시 볼까요?

Peter

I wish I could sew. Then, I could stitch
my shadow back to my foot.

내가 바느질을 할 수 있으면 좋을 텐데. 그러면,
그림자를 발에 다시 꿰매붙일 수 있는데.

Wendy

I'll teach you to sew if you teach me to fly.

나는 법을 가르쳐 주면 바느질 하는 법을 가르쳐 줄게.

I saw Peter swept far out to sea.

피터가 바다쪽으로 멀리 날려가는 것을 보았어.

★ ★ ★

네버랜드로 날아간 피터와 웬디, 존, 마이클은 채 도착하기도 전에 해적의 공격을 받고 맙니다. 다행히 대포알이 이들을 비껴 갔지만 갑자기 닥친 거센 바람에는 피터마저도 속수무책인가 봅니다. 위 문장은 정신을 차린 존이 마이클에게 한 말인데요, see + 목적어 + 과거분사를 써서 '…가 ~되는(당하는) 것을 보다'라는 뜻을 만들고 있어요. 그럼 웬디와 존의 대화로 다시 한번 익혀 볼까요?

Wendy

Nana, where are you? Come and help me!

나나, 어디에 있니? 와서 나 좀 도와 줘!

John

I saw Nana chained up in the garden.
She looked unhappy.

나나가 정원에 묶여 있는 걸 봤어. 시무룩해 보이던데.

Hook saw a glass of water on the table, and dripped some poison into it.

후크는 탁자 위에 있는 물 한 컵을 보았고, 거기에 독약을 몇 방울 떨어뜨렸다.

★　★　★

피터에게 오른손을 잃고 복수심에 불타던 후크는 피터가 자고 있는 지하 집으로 들어갑니다. 그리고 한 잔의 물을 보게 되죠. '물 한 잔'은 영어로 어떻게 표현해야 할까요? 네, a glass of water예요. 그럼 '물 두 잔'은 어떻게 말해야 할까요? a glass를 복수로 바꿔 two glasses of water라고 하면 된답니다. 후크와 해적의 대화로 이 표현을 확인해 볼까요?

Hook

We're short of water. So drink only a glass of water with each meal.

물이 충분치 않아. 그러니까 매끼 한 잔씩만 마시도록 해라.

Pirate

Oh, no! Captain, let's go to the island and find some more water.

오, 안돼요! 선장님, 섬에 가서 물을 더 구해 보죠.

"Would they still love you
if you were bad pirates like Hook?"

"너희들이 후크처럼 악한 해적이 된다면 그분들이 너희들을 계속 사랑하시겠니?"

★　★　★

후크 일당에게 붙잡혀 해적선으로 끌려온 웬디와 소년들. 후크가 소년들을 협박하며 해적이 되라고 하자 소년들은 마음이 흔들립니다. 그때 웬디가 용감하게 나서서 위와 같이 말합니다. '만약 …라면 ~할까요?' 라는 뜻의 Would + 주어 + 동사원형, if + 주어 + 과거형 동사?를 써서 말이죠. 그럼 웬디와 피터의 대화로 이 표현을 다시 한번 익혀보세요.

Peter

Would you continue to live in Neverland,
if you were a child forever?

네가 영원히 아이로 있을 수 있다면, 계속 네버랜드에서 살거니?

Wendy

No. I want to grow up and become a real
mother some day.

아니. 커서 언젠가는 진짜 엄마가 되고 싶어.

01 할 줄 안다구요!

can은 약하게, can't는 강하게 발음하세요.

---

can과 can't, 많이 듣고 쓰지만 들을 때마다 할 수 있는 건지 없는 건지 아리송합니다. 문장에서 조동사는 대부분 약하게 발음되지만 can't는 부정어이므로 약하게 발음되는 can과 달리 입을 양쪽으로 힘을 주어 당기면서 강하게 [캔트]로 발음해야 한답니다. 참, can't의 [트]는 거의 들리지 않게 발음해야 한다는 점도 기억해 두세요. 그럼 본문 24쪽과 28쪽에서 can과 can't의 발음을 확인해 보세요.

Now, they (①   ) live there as children, forever!

① **can**   어때요, 제대로 들렸나요? 힘을 빼고 약하게 [켄] 혹은 [컨]으로 발음하세요.

"I (②   ) come! I (②   ) fly!"

② **can't**   입을 양쪽으로 벌려 강하게 [캔트]라고 발음해 보세요. [트]는 아주 약하게 발음해 주세요.

I can't fly!

02 과거의 소리, [ㅌ], [ㄷ]가 전부?

[ㅌ]와 [ㄷ]로 끝나는 동사에 붙는 -ed는 [이ㄷ]로 발음하세요.

동사의 과거형에 붙는 -ed, 대개는 [ㅌ]와 [ㄷ]로 발음되지만 예외도 있다는 거 아세요? want나 nod처럼 [ㅌ]나 [ㄷ] 소리로 끝나는 동사에서는 -ed가 [이ㄷ]로 발음된답니다. 이때 [ㄷ] 소리는 문장 속에서 다음 단어와 연결되면서 약화되거나 생략되지만 [이] 소리는 살짝 들리니까 잘 듣고 연습해 보세요. 그럼 이런 경우를 본문 42쪽과 43쪽에서 다시 확인해 볼까요?

They (①) to find some Indians in the woods.

① **wanted** [워니ㄷ]라고 발음하고 있어요. n다음에 나오는 t가 n의 영향을 받아 동화되어 [워니ㄷ]로 발음되었답니다.

The Lost Boy (②) and agreed.

② **nodded** 어때요, 제대로 들렸나요? [나디ㄷ] 혹은 [나딛]이라고 발음해 보세요.

03 약하게 살짝 ~

강세를 받지 않는 a는 약한 [어]가 돼요.

영어는 리드미컬한 언어랍니다. 단어와 문장에 강세가 있기 때문이죠. 강세의 기본 원칙은 강세를 받는 모음은 강하게, 강세를 받지 않는 모음은 약하게 발음하는 거예요. asleep, above, alive 등은 뒷부분에 강세가 있어서 a가 [애]나 [에]가 아니라 약한 [어]로 발음된답니다. 그럼 이런 예를 본문 60쪽과 71쪽에서 찾아 볼까요?

So, they were surprised when the pirates
(①)!

① **attacked** [어택트]라고 들리나요? 강세가 뒷부분에 있기 때문에 첫소리 a가 약한 [어]로 발음돼요.

The pirates gathered all (②) him.

② **around** 어때요, 제대로 들렸나요? 역시 강세가 뒷부분에 있기 때문에 첫소리를 약하게 하여 [어라운드]라고 발음했답니다.

04 t에 콧바람을 넣어주세요!

't+모음+n'이 단어 끝에 오면 t는 콧소리 [은]으로!

영어에는 우리말에는 없는 소리들이 많은데 그 중 하나가 콧소리죠. mountain이나 frighten처럼 't+모음+n' 으로 끝나는 단어는 중간에 있는 모음은 발음되지 않고 t가 n의 영향을 받아 콧소리 [은]으로 발음된답니다. 혀끝을 윗니 뒤쪽 볼록한 부분에 살짝 대고 [은]하고 공기를 힘껏 코로 내보내세요. 그럼 이런 경우를 본문 63쪽과 74쪽에서 확인해 보세요.

Tinker Bell had hidden behind the (①).

① **curtain** 어때요, [커ㄹ은]으로 들리나요? 이제부터는 [커튼]이라고 발음하지 마시고 콧소리 [은]을 붙여보세요.

"Wendy will think her mother has already
(②) her!"

② **forgotten** [트] 소리는 삼키고 콧소리 [은]을 붙여 [포ㄹ같은]이라고 발음하세요.

1장 | 그림자

p.16~17 어린이들은 모두 언제까지나 즐겁게 놀고 싶어한다. 어린이들은 모험과 신나는 놀이를 너무나 좋아하기 때문이다. 어느 날, 어린 웬디가 뜰에서 놀고 있었다. 웬디의 어머니는 딸의 모습을 보고 이렇게 말했다.

"오, 귀여운 아가, 네가 항상 그대로였으면 좋겠구나."

하지만 어린이들은 모두 성장하기 마련이다. 오직 한 소년 이외에는!

달링 가족은 런던 도심에서 행복하게 살고 있었다. 달링 씨와 달링 부인은 웬디와 어린 동생들, 존과 마이클을 사랑했다.

그들 가족은 유모를 둘 만큼 형편이 넉넉하지는 못했다. 그래서, 그들은 커다란 개에게 아이들을 돌보게 했다. 그 개의 이름은 '나나'였으며, 어디든지 아이들과 함께 다녔다!

p.18~19 어느 날 밤, 달링 부인은 아이들을 재웠다. 그리고 나서, 바느질을 하려고 벽난로 옆에 앉았다. 그녀는 너무나 피곤해서 이내 잠이 들고 말았다.

갑자기, 소리 없이 창문이 열렸다. 녹색 잎사귀 옷을 입은 한 소년이 방안으로 살며시 들어왔다. 소년은 신비스런 빛 하나를 데리고 왔고, 그 빛은 방 안을 이리저리 날아다녔다. 그 순간, 달링 부인이 잠에서 깼다. 달링 부인은 소년을 보고 놀라 소리를 질렀다.

나나가 그녀의 외침 소리를 듣고 방 안으로 뛰어 들어왔다.

"멍! 멍!" 나나는 짖어대며 소년에게 달려 들었다. 소년은 창문으로 잽싸게 뛰쳐나갔으나, 그만 한 발 늦고 말았다! 나나가 소년의 그림자를 이빨로 물어 챈 것이었다!

"오, 가엾어라! 아마 그 소년이 그림자를 찾으러 올 거야." 달링 부인이 말했다. 그녀는 그림자를 조심스레 개었다. 그리고는 서랍 안에 넣어 두었다.

p.20~21 진짜 사건은 그 다음 날 벌어졌다. 달링 씨 부부가 파티에 간 뒤, 나나가 계속 짖어대었다. 그래서 요리사는 나나를 뜰에 묶어놓았다. 아이들은 깊이 잠들어 있었다.

갑자기, 환한 빛이 방 안을 가득 채웠다! 그리고는 소년이 창문으로 날아 들어왔다.

"팅크," 소년이 속삭였다. "내 그림자가 어디 있지?"

"피터, 바로 저기 서랍 안에 있어!" 팅커 벨이 말했다.

소년은 서랍을 열고 그림자를 찾아냈다. 그때, 팅커 벨이 안을 살펴보려고 서랍 속으로 뛰어들어갔다.

그러나 피터는 그것도 모른 채 서랍을 닫아버리고 말았다! 피터는 자기 그림자를 다시 붙이려고 했다. 하지만 그림자를 붙일 수가 없었다! 피터는 바닥에 주저 앉아 울음을 터뜨리기 시작했다. 웬디가 피터의 울음소리에 잠이 깼다.

p.22~23 "넌 누구니?" 웬디가 물었다. "난 피터 팬이야. 내 그림자를 붙일 수가 없어!"

"네 그림자는 꿰매 붙여야 해." 그녀가 말했다.

"난 웬디야. 내가 해줄게!" 웬디는 피터의 발꿈치에 그림자를 꿰매주었다.

"고마워!" 피터가 소리쳤다. "자, 네 선물이야."

피터는 웬디에게 도토리 하나를 주었다.

"예쁘네, 피터. 고마워." 웬디는 도토리를 줄에 꿰어 목에 걸었다.

피터는 너무 기뻐서 춤을 추었다. "팅크! 나와서 나 좀 봐!"

그 때 서랍 속에서 종소리가 들렸다.

"오, 이런, 내가 팅크를 서랍 안에 가둬 버렸구나!" 피터가 소리쳤다. 피터가 서랍을 열자, 팅커 벨이 튀어나와 삐친 듯이 방안을 이리저리 날아다녔다.

"팅크, 정말 미안해." 피터가 말했다.

"저 빛은 뭐야? 너무 예뻐!" 웬디가 감탄했다.

"내 요정 친구 팅커 벨이야."

"가만히 있었으면 좋겠다. 그럼 볼 수 있을 텐데." 웬디는 말했다.

"요정은 가만히 있을 때가 거의 없어."

p.24~25 "그런데, 피터, 넌 몇 살이니?" 웬디는 물었다.

"나도 몰라." 피터가 말했다. "아기일 적에 도망쳐 나왔거든."

"왜?"

"난 어른이 되고 싶지 않았어! 그래서 도망쳤지."

"어머, 피터, 참 안됐다!"

그리고 피터는 자신이 살아온 이야기를 더 들려 주었다. 그는 네버랜드에서 잃어버린 아이들과 함께 산다고 했다.

"그 아이들도 도망쳐 나온 거야?" 웬디는 물었다.

"아니, 요람에서 떨어져서 길을 잃어버린 거야." 피터는 말했다.

"정말 안됐구나!" 웬디가 탄식했다.

"그리고 나서 네버랜드에 왔지. 이제, 그곳에서 영원히 아이로 살 수 있어!"

"네버랜드에서 살면 정말 멋지겠다!" 웬디는 말했다.

"응, 그래. 하지만 우리는 쓸쓸해."

"왜?"

"이야기를 들려줄 사람이 없으니까! 우리는 이야기를 정말 좋아하는데!"

"정말 안됐다." 웬디가 말했다. "난 재미있는 이야기를 참 많이 아는데!"

2장 | 나와 함께 날아가자!

p.28~29 별안간, 피터는 웬디를 창문가로 끌어 당겼다.

"웬디, 나와 함께 네버랜드로 가자!" 피터가 소리쳤다. "잃어버린 아이들에게 이야기를 들려 줘! 아이들이 좋아할 거야!"

"그럴 수 없어! 난 하늘을 날지 못해!" 웬디가 말했다.

"내가 나는 법을 가르쳐 줄게."

"정말이야!" 웬디는 소리쳤다. "존과 마이클에게도 가르쳐 주겠니?"

"응, 그럴게." 피터는 말했다.

웬디는 동생들을 깨웠다. "존, 마이클! 일어나! 피터 팬이 우리에게 나는 법을 가르쳐 준대!"

피터는 그들에게 요정 가루를 뿌려 주었다.

"자, 이제 팔을 저어서 공중으로 떠올라 봐!" 피터가 말했다. 아이들이 날아오르기 시작했고, 이내 천장까지 날아 올라갔다!

"우리가 날고 있어!" 존과 마이클이 소리쳤다.

"정말 멋지다!" 웬디도 말했다.

"바깥으로 나가 보자!" 존이 소리쳤다.

하지만 웬디는 부모님이 걱정되었다.

"네버랜드에는 인어와 해적들도 있어!" 피터가 말했다.

"해적이라고?" 아이들이 말했다. "당장 가 보자!"

"자, 따라와!" 피터가 외쳤다.

p.30~31　웬디와 존, 마이클은 피터와 함께 밤 하늘로 날아 갔다. 건물 굴뚝 위를 지날 때는 연기 냄새도 맡았고, 교회 첨탑 주위를 날아갈 때에는 종소리도 들었다.

그리고 바다 위를 지나 계속해서 날아갔다. 잠시 후, 그들은 네버랜드 가까이에 다다랐다. 숲 속에서 짐승들이 돌아다니는 모습을 볼 수 있었다. 그리고 인디언들이 북을 두드리는 소리도 들을 수 있었다.

"쉿," 피터가 속삭였다. "우리 아래에 해적들이 있어!"

"해적들이라고?" 아이들이 소리쳤다.

"그래, 후크 선장이 가장 무서운 해적이야." 피터가 말했다.

"내가 싸우다가 그의 손을 잘라 버렸어. 그래서 오른손에 갈고리를 달고 있지."

웬디와 동생들은 무서운 생각이 들어 입을 다물고 조용히 날아갔다.

"존, 팅크를 주머니 속에 숨겨." 피터가 속삭였다. "해적들이 팅크의 빛을 보면, 우리를 발견하고 말 거야!"

p.32~33　별안간, 커다란 굉음이 울려 퍼졌다!

"꽈—앙!" 무언가 어둠 속에서 '핑' 하는 소리를 내며 그들 곁을 날아 지나갔다.

해적들이 그들을 겨냥해 대포를 쏜 것이었다.

"조심해!" 피터가 소리쳤다.

굉음이 사방을 뒤흔들었다. 그리고 거센 바람이 그들을 휩쓸었다.

다행히 아무도 다치지는 않았지만, 아이들은 하늘 여기저기 흩어지고 말았다.

얼마 후, 존과 마이클은 어두운 하늘에 둘만 따로 떨어져 있다는 것을 알게 되었다.

"다치지 않았니?" 존이 걱정스럽게 물었다.

"괜찮은 것 같아." 마이클이 대답했다. "형은 어때? 괜찮아?"

"응, 하지만 피터가 바다 쪽으로 멀리 날려가는 걸 보았어." 존이 말했다.

"웬디 누나는 어디 있어?" 마이클이 물었다.

"모르겠어. 내려가서 누나를 찾아보자."

p.34~35 웬디와 팅커 벨은 함께 위쪽으로 날려 올라갔다.

"피터? 존, 마이클? 어디 있니?" 웬디가 소리쳤다.

"웬디, 걔들은 괜찮아. 날 따라와." 팅커 벨이 말했다.

웬디는 허둥지둥 팅커 벨을 따라갔다. 팅커 벨은 사실 못된 요정은 아니었다. 하지만 팅커 벨은 웬디에게 질투심이 났다. 팅커 벨은 피터가 웬디를 더 좋아한다는 것을 알고 있었다.

팅커 벨은 피터의 땅밑 집 쪽으로 잽싸게 날아갔다. 웬디보다 먼저 잃어버린 아이들을 찾아낼 속셈이었다.

"애들아!" 팅커 벨이 소리쳤다. "어디 있니?"

"여기 있어." 아이들이 대답했다. 잃어버린 아이들이 집 밖으로 한 명씩 차례차례 나왔다.

"무서운 웬디 새가 오고 있어." 팅커 벨이 소리쳤다. "피터가 너희들보고 웬디 새를 없애라고 했어!"

그래서 잃어버린 아이들은 활을 들고 나무 뒤에 숨었다.

"저기 온다." 팅커 벨이 소리를 질렀다. "어서 쏴!"

아이들은 웬디를 향해 화살을 쏘았다. 화살들 중 하나가 명중했고, 가엾은 웬디는 땅바닥으로 떨어졌다!

p.36~37 바로 그 때, 피터가 도착해서 웬디를 구했다. 피터는 웬디를 조심스럽게 풀밭에 뉘었다. 그는 도토리 목걸이에서 화살을 뽑아내었다. 도토리가 웬디의 목숨을 구한 것이었다! 피터는 성을 내며 고함쳤다.

"새로 사귄 내 친구를 어째서 해치려고 한 거야?"

"네가 우리보고 그녀를 없애라고 했다고 팅크가 말했어!" 아이들이 외쳤다.

팅커 벨이 피터의 어깨 위로 날아와 용서해 달라고 빌었다.

"가 버려! 당장 꺼지란 말야!" 피터가 고함쳤다. 바로 그 때 존과 마이클이 도착했다.

"웬디 누나에게 무슨 일이 있었어?" 마이클이 소리쳤다.

"약간의 사고가 있었어, 하지만 웬디는 괜찮아!" 피터가 말했다.

"웬디를 땅밑 집으로 옮기자." 잃어버린 아이들 중 한 명이 말했다.

"아냐, 쉬게 놔 둬." 피터가 말했다.

"웬디 주위에 집을 지어 주자!"

p.38~39 그래서 피터와 아이들은 작은 집을 지었다. 벽은 밝은 삼나무로 만들어졌다. 그리고 지붕은 푸른 잎사귀와 이끼로 덮여 있었다.

웬디는 깨어나서 깜짝 놀랐다.

"여기가 어디야?"

"웬디, 우리가 널 위해 이 집을 지었어." 피터가 말했다.

"어머, 너무 예쁘다! 고마워!"

그러자 잃어버린 아이들이 웬디 주위에 모여들었다.

"우린 이야기를 들려줄 엄마가 없어요." 아이들이 외쳤다.

"제발 우리의 엄마가 되어 줘요!"

"하지만 난 그냥 어린 여자 아이일 뿐이야." 웬디가 말했다.

"그건 상관없어." 피터가 말했다.

"알았어, 최선을 다할게." 웬디가 말했다. 피터와 잃어버린 아이들은 기뻐서 환호했다.

"이제부터는 자기 전에 내가 이야기를 해 줄게."

그날 밤, 웬디는 아이들에게 '신데렐라' 이야기를 들려주었다. 이야기를 마쳤을 때, 아이들은 모두 깊이 잠들어 있었다!

3장 | 네버랜드에서의 모험

p.42~43 네버랜드의 생활은 매우 흥미진진했다! 아이들은 날마다 새로운 모험을 즐겼다. 어느 날, 존과 마이클, 잃어버린 아이들은 또 다른 모험을 하러 나갔다. 그들은 숲 속의 인디언들을 찾아보고 싶었다.

"인디언들을 포위해야 해." 존이 속삭였다.

잃어버린 아이들도 고개를 끄덕이며 찬성했다.

"그러면 인디언들을 습격할 수 있을 거야." 마이클이 나직이 말했다.

갑자기, 요란한 고함 소리들이 들렸다. 수십 명의 인디언들이 숲 속에서 뛰쳐나오고 있었다!

얼굴에는 물감칠을 하고 있었고 매우 무서운 모습이었다. 아이들은 정말 겁에 질렸다. 꼼짝도 할 수 없었다. 인디언들은 아이들을 붙잡아 자기네 마을로 끌고 갔다.

p.44~45 한편, 피터와 웬디는 인어 연못에 갔다.

"때로는 여기서 인어들을 많이 볼 수 있어." 피터가 말했다.

"근데 오늘은 하나도 안 보이네. 정말 이상한데." 그때 그들은 작은 보트 한 척이 오는 것을 보았다.

"해적들이야! 몸을 숨기자!" 피터가 소리쳤다. 그들은 재빨리 커다란 바위 뒤에 숨어서 보트를 지켜보았다.

보트는 점점 더 가까이 다가왔다. 보트에는, 해적 두 명과 인디언 소녀 한 명이 타고 있었다. 소녀의 손발은 굵은 밧줄로 꽁꽁 묶여 있었다.

"피터, 저 소녀는 누구야?" 웬디가 속삭였다.

"타이거 릴리 공주야!" 피터가 소리쳤다. "인디언 추장의 딸이야! 구해야 돼!"

p.46~47 피터는 후크 선장의 목소리를 흉내 냈다.

"야, 너희들!" 피터가 소리쳤다.

"후크 선장님이다!" 해적 한 명이 말했다.

"계획을 바꿨다." 피터가 말했다. "소녀가 필요 없어졌다. 풀어줘라."

"하지만, 선장님!" 다른 해적 한 명이 말했다.

"어서! 아니면 내 갈고리로 혼을 내줄 테다."

해적들은 타이거 릴리의 포박을 풀기 시작했다.

"무슨 짓을 하고 있는 거냐?" 뒤쪽에서 다른 누군가가 고함을 질렀다. 해적들은 놀라서 돌아보았다. 진짜 후크 선장이 다른 보트를 타고 따라오고 있었다!

"왜 소녀를 풀어주려고 하는 거냐?" 후크가 물었다.

"그러라고 명령하셨잖습니까." 해적 한 명이 말했다.

"뭐라고?" 후크가 소리쳤다. "난 그러라고 말한 적이 없다!" 후크는 매우 화가 났다.

"그런데, 누가 그런 짓을 한 거지?" 후크는 생각했다.

p.48~49 그 때 피터가 바위 뒤에서 뛰쳐나왔다.

"후크! 내가 왔다! 어서 덤벼라!" 피터는 소리쳤다.

"네 녀석이로구나!" 후크가 외쳤다. 그들은 바위 위에 서서 서로 노려보았다. 후크는 한 발짝 앞으로 내디디며 갈고리로 피터를 공격하려고 했다. 하지만 그대로 얼어붙어 버렸고, 얼굴이 새하얗게 질리고 말았다!

똑, 딱, 똑, 딱!

"악어다!" 후크가 외쳤다. 후크는 물로 뛰어들어 헤엄치기 시작했다.

"선장님, 더 빨리요! 악어가 바로 뒤에 있어요!" 후크는 가까스로 보트에 올랐고, 해적들은 부리나케 노를 저어 도망쳐 버렸다.

피터와 웬디는 타이거 릴리를 인디언 마을에 데려다 주었다. 인디언 추장은 딸이 무사한 것을 보고 너무나 기뻐했다. 그래서 추장은 존과 마이클, 잃어버린 아이들을 모두 풀어 주었다.

p.50~51 후크는 무척 화가 났다! 피터의 속임수가 괘씸했다. 그래서 피터를 찾으려고 계속 노력했다. 어느 날 밤, 후크와 부하들은 여전히 피터를 찾아다니고 있었다. 후크는 지쳐서 커다란 버섯 위에 앉았다.

"피터 팬 녀석이 정말 미워." 후크가 말했다.

"그 녀석이 내 손을 잘라 악어에게 던져 주었단 말이다. 그리고 이제는, 그 악어 녀석이 계속 날 따라다니고 있어!"

"하지만, 선장님," 해적 한 명이 말했다. "그 '똑딱'

소리로 악어가 온다는 걸 알 수 있지 않습니까."

"그래, 다행히도, 악어가 시계를 삼켰지." 후크가 말했다.

별안간 후크는 펄쩍 뛰었다.

"앗, 뜨거!" 후크가 소리를 질렀다. 그는 버섯을 집어 들고 자세히 살펴보았다. 그러자, 땅 밑에서 연기가 솟아났다.

"굴뚝이잖아!" 후크가 소리쳤다. 피터의 땅밑 집을 발견한 것이었다!

"부하들을 모조리 데리고 다시 와야겠다." 후크는 말했다. "이번에는 피터 팬 녀석을 꼭 잡고 말 테다!"

4장 │ 후크 복수를 원하다

p.56~57 인디언들은 타이거 릴리를 구해 준데 대해서 피터에게 고마워했다. 그래서 그들은 밤마다 피터의 땅밑 집을 지켜 주었다. 어느 날 저녁, 웬디는 아이들에게 이야기를 들려주고 있었다.

"옛날 옛적에, 한 신사와 그 부인이 살고 있었어요." 웬디는 이렇게 시작했다. "그분들은 달링 씨와 달링 부인이었죠."

"난 그분들을 알아!" 존이 소리쳤다.

"그분들은 세 명의 아이들을 매우 사랑하셨어요." 웬디가 계속했다. "하지만 어느 날 밤, 아이들은 모두 네버랜드로 날아가 버리고 말았죠."

"그분들은 아이들을 무척 그리워하셨을 거야." 잃어버린 아이들 중 하나가 말했다.

"그분들은 밤이 되면 항상 창문을 열어 놓으셨죠." 웬디가 말했다. "아이들이 창문으로 다시 돌아올 거라고 생각하셨기 때문이죠."

p.58~59 "아빠 엄마가 보고 싶어." 마이클이 흐느꼈다.

"웬디 누나, 집에 돌아 가자!" 존이 소리쳤다. 웬디와 아이들은 부모님이 무척 보고 싶었다. 아이들의 눈에서는 눈물이 흘러내렸다.

잃어버린 아이들도 덩달아 슬퍼졌고, 울음을 터뜨리기 시작했다. 웬디는 아이들이 무척 안됐다는 생각을 했다.

'너희들도 우리와 같이 가고 싶니?"

"응, 우리 모두 그러고 싶어!" 잃어버린 아이들이 기쁘게 소리쳤다. 피터만이 우울해 보였다.

"난 네버랜드를 떠나기 싫어." 피터는 말했다. "그리고 어른이 되기도 싫어!"

"피터, 너도 우리 부모님이 마음에 들 거야. 그분들도 널 반겨 주실 거야!" 웬디는 피터가 함께 가 주길 바랐다.

"피터, 우리와 함께 가." 잃어버린 아이들이 말했다.

"싫어! 가고 싶으면, 가 버려." 피터는 쌀쌀하게 말했다. 그리고는 고개를 돌렸다.

"더 이상 말하기 싫어. 잘 가!"

"너 없인 집으로 돌아가는 길을 찾을 수가 없어." 웬디가 말했다.

"팅크, 네가 마을로 가는 길을 안내해 주면 되겠다." 피터는 퉁명스럽게 말했다.

p.60~61   바로 그 때, 후크와 그의 부하들이 피터의 집 위에 도착했다. 인디언들은 싸울 준비가 되어 있지 않았다. 그래서, 해적들이 공격해 오자 깜짝 놀라고 말았다! 후크의 부하들은 쉽게 싸움에서 승리했다. 그런 다음, 후크는 굴뚝에서 버섯을 치우고, 피터가 하는 말을 엿들었다.

땅 밑에서, 웬디와 아이들은 땅 위의 소리에 귀를 기울이고 있었다.

"어느 쪽이 이겼을까?" 잃어버린 아이들 중 하나가 물었다.

"만약 인디언들이 이겼다면, 승리의 북을 칠 거야." 피터가 말했다.

땅 위에서, 후크는 그 말을 듣고 빙그레 미소를 지었다. 그는 부하 한 명에게 북을 요란하게 치라고 지시했다.

둥-둥! 둥-둥!

"인디언들이 이긴 게 틀림없어!" 피터가 말했다.

"얘들아, 밖으로 나가자!" 웬디가 소리쳤다. "피터, 잘 있어." 웬디와 아이들이 작별 인사를 했다.

"잘 가." 피터는 서글프게 말하고는 자버렸다.

p.62~63 웬디와 아이들은 밖으로 나왔다. 하지만 후크 선장과 해적들이 그들을 기다리고 있었다! 해적들은 손쉽게 그들을 붙잡아, 해적선으로 끌고 가 버렸다.

후크는 뒤에 남아 피터를 찾으러 밑으로 내려 갔다. 피터는 침대에서 깊이 잠들어 있었다. 후크는 탁자 위에 물컵 하나가 놓여 있는 것을 보고, 컵에 독약을 몇 방울 떨어뜨렸다. 그런 다음, 후크는 사다리로 올라가 해적선으로 돌아갔다.

하지만, 그는 누군가 숨어서 자신을 보고 있었다는 사실을 몰랐다! 팅커 벨이 커튼 뒤에 숨어 있었던 것이다. 팅커 벨은 모든 것을 다 지켜보았다!

"일어 나, 피터!" 팅커 벨이 소리쳤다. "해적들이 웬디와 아이들을 자기들 배로 끌고 가 버렸어!"

"내가 구하러 가야겠다." 피터가 외쳤다.

p.64~65 피터는 목이 말라서 물컵을 집어 들었다.

"안 돼!" 팅커 벨은 외치며 물컵으로 뛰어들었다. 팅커 벨은 독이 든 물을 모조리 마셔 버리고 말았다!

"팅크! 무슨 짓이야?" 피터가 소리쳤다.

"후크가 독약을 탔어!" 팅커 벨이 가냘프게 말했다. 그리고 팅커 벨은 탁자 위에 쓰러지고 말았다.

"이런, 팅크, 날 구하려고 네가 물을 마셨던 거야?"

팅커 벨은 대답을 할 수 없었다. 그녀는 이미 죽어가고 있었다!

피터는 울음을 터뜨렸고, 그의 눈물이 팅커 벨에게 떨어졌다. 그러자 팅커 벨은 희미하게 속삭였다.

"피터, 아이들이 요정을 믿는다면, 난 다시 기운을 차릴 수 있을 거야." 피터는 허공에 대고 외쳤다.

"애들아! 요정을 믿는다면, 박수를 쳐 줘." 피터가 소리쳤다. "제발 팅크를 죽게 하지 마." 피터는 이내 세상 곳곳에서 들려오는 박수 소리들을 들을 수 있었다! 요술처럼 팅커 벨이 다시 살아났다.

"팅크! 살아났구나!" 피터가 외쳤다. "가서 웬디를 구하자!"

5장 | 피터 구출하러 가다!

p.68~69 해적들은 배 위에서 판자를 준비하고 있었다. 겉보기에는 다이빙대 같았지만, 사실은 아니었다!

"포로들을 끌고 와라." 후크가 소리쳤다.

웬디와 아이들이 후크 앞에 줄지어 세워졌다.

"자, 꼬마들." 후크가 말했다. "내 명령에 복종해서 해적이 되겠느냐, 아니면 판자 위를 걸을 테냐?"

어린 소년들은 망설였다. 그들은 무척 겁에 질려 있었다. 하지만 웬디는 용감하게 앞으로 나섰다.

"해적은 나빠!" 그녀는 소리쳤다. 그리고 웬디는 아이들을 향해 돌아섰다.

"너희 엄마들을 생각해 봐! 너희들이 후크처럼 악한 해적이 된다면, 그분들이 너희들을 계속 사랑하시겠니?"

아이들은 잠시 생각해 보았다. "아니, 우리는 해적이 되지 않겠어." 아이들 모두가 말했다.

p.70~71 후크는 매우 화가 났다. "저 여자애를 묶어라!" 그가 고함쳤다.
"자, 예쁜 아가씨, 이제 아이들이 판자를 걷는 것을 보게 될 거다. 모두 바다에 빠져 죽고 말겠지."

"피터가 우리를 구해 줄 거야!" 웬디가 소리쳤다.

"천만에, 그럴 순 없지! 내가 그 녀석의 물에 독을 탔으니까." 후크는 웃으며 말했다. "피터 팬은 지금쯤은 죽었어! 하하하!"

웬디와 아이들은 슬픔에 빠졌고, 울기 시작했다. 후크는 웬디 쪽으로 한 걸음 다가섰다.

별안간, 그는 동작을 멈추었다! 그 무서운 소리를 들었기 때문이었다!

똑, 딱, 똑, 딱!

"이런, 안돼! 날 숨겨줘!" 후크가 소리쳤다. "악어가 배에 올라오려 한다!"

해적들은 모두 후크의 주위를 둘러쌌다. 그들은 칼을 뽑아 들고 싸울 태세를 갖추었다. 아이들은 악어를 보기 위해 뱃전으로 달려갔다.

p.72~73　하지만 그건 악어가 아니었다. 바로 피터 팬이었다!

피터 팬이 똑딱 소리를 내고 있었다! 아이들은 피터를 다시 만나게 되어 무척 신이 났다. 아이들은 기뻐서 박수를 치며 소리쳤다. 마침내, 피터가 배 위로 올라왔다.

"피터 팬! 죽지 않았구나!" 후크가 소리쳤다.

"덤벼라, 후크. 죽을 준비나 해라!" 피터가 외쳤다.

"죽을 준비는 네가 해라! 내 손을 자른 복수를 하고야 말겠다!"

"덤벼라, 네가 날 이길 수 있는지 어디 보자!"

싸움이 벌어졌다. 칼이 서로 부딪치며 요란한 쇳소리를 냈다. 그들은 배 위 곳곳으로 이리저리 오가며 싸움을 벌였다. 마침내, 피터가 단검으로 후크를 찔렀다. 후크는 피를 흘리기 시작하며 뒷걸음질을 쳤다.

그러다가 미끄러지면서 뱃전 너머로 굴러 떨어져 물에 빠지고 말았다. 아, 진짜 악어가 바다에서 그를 기다리고 있었다!

p.74~75　이제, 집에 돌아갈 때가 되었다. 그들은 모두 함께 산과 바다를 건너 날아갔다. 얼마 후, 그들은 웬디의 고향 근처에 이르렀다.

하지만 피터는 여전히 웬디가 네버랜드에서 자신과 함께 살기를 원했다.

"팅크, 서둘러!" 피터가 말했다. "우리가 먼저 가자!" 피터와 팅커 벨은 더 빨리 날아서 다른 아이들보다 먼저 도착했다.

"창문을 닫고 잠가 버려." 피터가 말했다. "웬디는 엄마가 자기를 이미 잊어버렸다고 생각할 거야."

그 때, 피터는 달링 부인이 옆 방에서 슬피 우는 소리를 들었다.

"웬디야, 돌아오렴! 얘들아, 돌아오렴!" 그녀가 소리쳤다.

"웬디와 존, 마이클을 매우 사랑하시는구나." 피터는 생각했다. 피터는 우울해졌다. 그래서 그는 다시 창문을 열었다.

p.76~77 웬디와 아이들이 마침내 집에 도착했다.

"그래, 창문이 열려 있어!" 웬디가 말했다. 아이들은 매우 기뻐했으며, 방 안으로 날아 들어갔다.

"엄마! 우리가 왔어요!" 그들이 소리쳤다. 달링 씨 부부가 방 안으로 뛰어 들어왔고, 나나도 뒤따라 들어왔다.

"어머나! 우리 애들이 돌아왔어요!" 그들은 아이들을 얼싸안고 울음을 터트렸다. 나나도 기쁘게 짖어대었다. 그들 모두 매우 행복했다.

달링 부부는 잃어버린 아이들도 반겨주었다. 그들은 이제 더 이상 '잃어버린' 아이들이 아니다! 잠시 후, 피터와 팅커 벨은 떠날 준비를 했다.

"얘들아, 잘 있어." 피터가 말했다.

"웬디, 안녕. 멋진 이야기들을 계속 들려줘!"

그리고 나서 피터는 팅커 벨과 함께 또 다른 모험 길에 올랐다.

웬디와 아이들은 창가에 오래도록 서 있었다. 그들은 밤하늘 속으로 팅커 벨의 빛이 사라질 때까지 손을 흔들고 또 흔들었다.